Mit liv.

Fra Søen på Landet

Før verden gik af lave

Det var en varm sommeraften på Dyrehavsbakken 1946, en ung, slank, lyshåret pige mødte en høj mørkhåret mand og skæbnen drev sit sælsomme spil.

9 måneder senere blev jeg født på et lokum i en baggård på Nørrebro, derefter bragt til Rigshospitalet og registreret, kort tid efter anbragt på børnehjem i Munkerup, hvorfra jeg kun husker min hvide tremmeseng og plejepersonalets skideballer, fordi jeg tissede i sengen, samt badeture til havet, som lå ca. 50 meter væk, på den anden side af Munkerup Strandvej. Turen til stranden foregik ved at vi små børn sad på en vogn, som blev trukket at de store drenge.

Ellers husker jeg intet fra mine første 4½ år af mit liv, men en varm sommerdag i 1951, stod der pludselig nogle mennesker og pegede på mig, og jeg fandt senere ud af, at jeg havde vundet i livets store lotteri. Gevinsten var et liv langt ude på landet omgivet af venlige mennesker, som levede et liv i og med og af naturen.

Det var et ældre ægtepar, som langt om længe havde affundet sig med, at de ikke selv kunne få børn ad naturens vej, så nu ville de adoptere.

Min nye far var en stor, stærk og glad mand, med et væsen så venligt, at han aldrig skældte ud og han udøvede heller aldrig korporlig straf, han var ikke den dygtigste i klassen, da han gik i skole, men han var ligeså god som dagen var lang.

Opdragelsen var min mors opgave, og på grund af mit vilde drengesind, måtte hun bruge mange kræfter, for at tøjle mig.

Ellers var hun kærlig og rar, som kun en mor kan være.

Jeg startede som plejebarn og kom aldrig længere i den retning, da mine plejeforældre ikke havde tid, overskud, eller fremsynethed nok, til at få klaret sagen med adoption, og det skal understreges, at det var ikke med ond vilje, at det ikke blev gjort, det blev bare ikke gjort.

Mine nye forældre var et par meget omsorgsfulde mennesker, som kun ville mig det bedste, og at de til tider i visse situationer vurderede lidt forkert, skyldes udelukket noget som man den gang havde en hel del af ude på landet, uvidenhed.

De var i ordets bogstavelige forstand fattige, men formåede at leve et godt, sundt, og virksomt liv på de 7 tønder land fed muldjord, som var hvad der hørte til ejendommen.

De var udover at være gamle, også utroligt gammeldags i deres holdninger og indstillinger til hvordan driften af et landbrug skulle foregå.

De havde absolut ingen form for tekniske hjælpemidler overhovedet.

De fik indlagt elektricitet i huset, umiddelbart inden jeg blev hentet fra børnehjemmet, og det var fordi børneforsorgen forlangte det.

Det eneste som de brugte strøm til var lys, og selv det blev der sparet på, for som far sagde, der er ingen grund til at rutte med pengene.

Jeg har selv set misundeligt over til naboen, som havde flere forskellige elektriske apparater installeret i huset, og især deres elektrisk roeskræller i stalden, for når deres børn bare kunne lege, måtte jeg stå i timevis og hakke roer med en håndkniv.

Jeg fik også hakket fingrene i ny og næ, for en håndholdt roekniv, ført af en dreng på 6 år, er ikke altid lige præcis, hvilket jeg en menneskealder senere, stadigvæk har en del ar af.

Det var en tid, hvor den eneste kontakt med omverdenen var, når der en gang imellem kom en bil med fisk, en bager kom med brød, eller slagteren kom med kød, resten af vores føde kunne vi selv trække op af jorden.

Da vi boede så langt ude og var næsten totalt isoleret, var det sjældent at vi så andre mennesker og når eks. de omrejsende hosekræmmere kom, blev vasketøjet hevet ned fra tørresnoren, for ikke at friste svage sjæle.

Jernhandlere/skrothandlere kom også forbi en gang i mellem, det var jo penge som det drejede sig om, og de handlede med næsten alt. Da de kloge næsten altid narrer de mindre kloge, gjaldt det om at have styr på hver eneste lille ting.

Det var således, at hvis der en sjælden gang var en bil, som havde forvildet sig ud til vores område, så nærmest fløj vi ud af døren for at se hvem og hvad det kunne være, og vores hund, som var en blanding af mange racer, løb de fremmede i møde, med logrende hale.

En gang i mellem kom smeden på sin gamle rustne cykel for at hente myreæg til sine fasaner.

Det foregik ved, at han tog sten ud fra vores stenhegn, som dannede grænse til den jord, der tilhørte Birkendegård. Og når han havde fyldt sin sæk, lagde han stenene tilbage i hegnet, og kørte hjem.

Han var en forunderlig mand, lille af statur, med stort filtret skæg, og en solbrændt hud som bar præg af aldrig at blive vasket. På hovedet havde han en brun hat, som havde samme lugt som alle de heste han i tidens løb havde skoet. Han gik i spidssnudede træsko, og hans tøj var laset. Flink var han, men sær.

Det miljø, som jeg opholdt mig i og arbejdede med, var et landbrug, hvis drift svarer til et sted i slutningen af 30erne, og det ændrede sig næsten ikke i al den tid far drev landbruget.

Vi havde intet teknisk, absolut intet, og jeg husker hvor vanvittigt spændende det var, da en mand fra Kalundborg kom ud til os på landet og solgte os en brugt radio.

Det var af den type som med sine store radiorør skulle varmes op inden der kom lyd ud af den, så hvis man ville høre begyndelsen af en udsendelse, skulle man tænde for strømmen et par minutter forinden.

Den radio blev min livsnerve til omverdenen, og selv om jeg hele tiden fik at vide, at jeg skulle skrue ned, sad jeg og lyttede til alt hvad der skete uden for mit domæne.

Derfor har radioen altid for mig været husets vigtigste apparat, helt fra barnsben af, hvor jeg lyttede til "Inge Åsteds børnetime", "Giro 413", "Radioteateret", "Ældre dansemusik" og et hav af klassisk musik.

Senere blev det, "Efter skoletid", "10 vi kan li", "Top Tyve" og "Radio Luxemburg".

Jeg klatrede tit op i det store kastanjetræ, som stod ved møddingen, det var meget let at klatre i, og jeg klatrede så højt op, at jeg kunne se op over bakkekammen, som ellers spærrede for udsynet, og der sad jeg og ventede på, om jeg kunne få øje på noget af det, som jeg havde hørt om i radioen.

Allerede i slutningen af 50erne, besluttede min plejeforældre, at de ville investere i et køleskab, det blev som så meget andet købt i den lokale brugsforening og fragten af skabet blev foretaget på brugsforeningens regning.

Dette nye elektriske vidunder blev placeret på et skab mellem vores gamle gruekedel og vores sortsværtede brændekomfur, det betød en total forandring af vores mulighed for opbevaring af madvarer.

Det betød dog ikke at vores saltkar blev smidt ud, ej heller at vi opsagde vores fryseboks på Kærby Mejeri, for som far sagde, hvis køleskabet ikke virker, skal vi ikke stå helt på bar bund, uden mulighed for ordentlig opbevaring af føde.

Vores flueskab blev også stående på sin vante plads i spisekammeret, og selv om der til tider var flere fluer inde i skabet end udenfor, blev det i mange år stadigvæk brugt til ost og lignende ting.

Senere fik vi oplyst, at frysehuset på mejeriet ville blive lukket, så det blev besluttet at vi selv skulle købe os en fryser.

Det gjorde livet endnu lettere, for nu slap jeg for at skulle cykle ud til mejeriet, som lå 4 kilometer væk, og hente nr. 56 som kunne være en flæskesteg. Nu skulle jeg bare gå ud i loen og åbne fryseren.

Den moderne verden blev ved med at vælte ind over os, da vi blev tilknyttet en forening, bestående af en lille kreds af omkringliggende landbrugsejendomme, som havde oprettet et ejerfællesskab af en vaskemaskine.

Denne sammenslutning havde købt en vaskemaskine som på en dertil indrettet 2 hjulede vogn, blev transporteret mellem medlemmerne på faste forudbestemte vaskedage.

Vognen havde gummihjul og kunne transporteres løbende efter en cykel.

Vaskevandet skulle vi dog stadigvæk varme op i gruekedlen, men når dette vidunder af en vaskemaskine var i funktion, kunne den udover tøjvask, også skylle tøjet i blånelse og til sidst vride det, tænk hvad elektricitet kunne medføre.

I 60erne tog udviklingen fart, vores vandspand i køkkenet, med tilhørende øse, som stod på høkassen, blev udskiftet med en vandhane, da vi fik lagt vand ind i huset fra en nabobrønd.

Det var i den forbindelse, at proceduren ved personlig hygiejne blev ændret drastisk.

Inden vi fik indlagt vand, vaskede vi os i et vandfad, efter devisen "høj hals og lange ærmer" og vi brugte alle 3 det samme vaskevand.

Først vaskede far sig, og derefter var det mors tur, når det så blev min tur, var vandet blevet temmelig grumset og det var nødvendigt at skrabe sæberester væk fra vandets overflade, inden jeg kunne bruge vandet.

Når vi alle 3 havde klaret dagens soignering blev vandet smidt ud i haven, så kunne blomsterne også få gavn af det.

Der gik måneder imellem, at jeg kom i karbad, og det foregik ved at den store zinkbalje blev hentet ind fra loen og fyldt med vand fra gruekedlen, så sad jeg i lang tid og nød det varme vand, mens mor skrubbede mig på de beskidte steder.

Jeg husker også, at den manglende hygiejne resulterede i drillerier i skolen, og især husker jeg en gang, hvor vi drenge var i brusebad efter gymnastik, at jeg kom til at se ned ad mine ben.

Knæhaserne var ganske sorte, og jeg blev noget forbavset, men da jeg prøvede at gnubbe på de mørke plamager, viste det sig at være et tykt lag skidt fra Kærby Sø, og det kunne vaskes af, men hvor blev jeg flov.

Efter at vi havde fået indlagt vand, blev personlig vask en kæmpe lettelse i dagligdagen, og jeg sørgede altid for at vaske mig særligt godt i knæhaserne.

Sidst i 60erne fik vi monteret en gas-vandvarmer, og fra da af var personlig vask pludselig blevet en fornøjelse.

Der blev også sat et brugt badekar op ude i loen, men det kom dog aldrig i brug, da der hverken var varmt eller koldt vand derude og heller ikke noget afløb.

Vandskyllende toilet (WC) var og forblev et ukendt begreb, vi havde et udendørs lokum, hvor det var min pligt at tømme spanden efter behov.

I ledige stunder sad jeg og rev Kalundborg Folkeblad ud i firkantede papirlapper, som jeg syede på en stump selvbindergarn, jeg sørgede altid for at tegneserierne fra bagsiden af avisen, kunne læses uden brudstykker.

Så kunne man sidde i fred og ro og grine over ”Hans & Grete”, ”Ferdinand” og ”Fantomet”, indtil papirarbejdet var gjort.

Sådan et bundt hjemmelavet toiletpapir, hang der altid på et søm i væggen ude på lokummet, og da papirtypen var temmelig stift, skulle man lige nulre det lidt, inden det skulle bruges.

Om vinteren måtte vi forrette vores nødtørft samme sted som køerne, og vores toiletærinde blev afsluttet med, at man tog en halmvisk og vred den således, at der opstod en tilpas fast klump, som kunne tage overskuddet, uden at fingrene blev brune.

Først i slutningen af 60erne blev der sat et tørkloset op indendørs, og det blev i den gamle hestebås.

Apropos afføring, så husker jeg tydeligt en episode som først blev sjov, da tiden havde gjort den til et minde.

Vi havde lige hentet køerne ind fra marken, en af de første dage de havde været på græs, og det betød tynd mave. På et tidspunkt stod jeg langs væggen lige bag den ene ko, da ulykken skete.

Koen lod det tynde lort løbe ned, samtidig med at den hostede, resultatet blev, at da jeg flyttede mig lidt for sent, kunne man efterfølgende se hele min krops omkreds aftegnet på væggen.

Den dag blev der sat en haveslange på vandhanen, og så blev jeg spulet ude i gården.

At vi overhovedet fik råd til indlagt vand, skyldes dels sparsommelighed, men også at min far fik et lille job som opkræver for Holbæk Amts Brandforsikringer og i den forbindelse fik vi af forsikringsselskabet stillet en telefon til rådighed.

Det var en part-telefon og vores nummer blev Aldersro 88U.

En part-telefon betyder at man kun har en part af et abonnement, og betaler derfor også kun en part af prisen.

Eksempelvis var der 4 parter opdelt som: 88U + 88Y + 88X + 88Z.

Når man skulle telefonere foregik det på følgende måde, man tager telefonrøret og sætter sit øre til røret, for at høre om en af de andre 3 parter taler i telefon. Hvis man kan høre, at der er en samtale i gang, lægger man forsigtigt telefonrøret tilbage og venter tålmodigt i nogen tid, inden man forsøger igen.

Når proceduren gentages og der ikke er stemmer i røret, lægger man røret på og drejer på det lille håndsving, som ved hjælp af den moderne tekniks virkemåde, fortæller telefondamen inde på telefoncentralen, at vi gerne vil i kontakt med omverden.

I løbet af ganske kort tid, kommer der en stemme i telefonrøret som siger, "Aldersro" (navnet på centralen) herefter fremsætter man ønske om, hvem man vil i kontakt med. Hvis det var lokalt, behøvede man ikke at sige nummeret, bare navnet eller titlen var tilstrækkeligt.

Hvis det er en person i lokalområdet eks. smeden, kunne telefondamen godt finde på at sige, at smeden ikke er hjemme, fordi hun lige har set eller hørt fra andre, at han er ude hos en kunde, og hvis det er vigtigt, vil hun tilbyde at ringe til pågældende kunde, så vi kan komme i kontakt med ham der, hvis ikke det er vigtigt, kan vi bare ringe senere.

Der kan også opstå den situation, at telefondamen er bekendt med, at kontaktpersonen er i marken eller urtehaven, og så vil hun tilbyde at ringe kraftigt, (lang ringetid) hvis det ikke hjælper, vil hun, hvis det er meget vigtigt, gerne ringe flere gange.

Skulle man ringe til eks. København, skulle man bestille centralens navn eks. "Fasan" (Frederiksberg) og så kunne man lægge røret på og vente.

Når telefondamen på "Aldersro" havde fået kontakt med "Fasan", så ringede hun tilbage og fortalte, at der var kontakt til København, og når der så blev sagt "Fasan", så kunne man hos telefondamen i København fremsige det ønskede nummer.

Hvis ejeren af det ønskede nummer ikke var hjemme, kunne man bestille en samtale, og når telefondamen kom i kontakt med personen, ringede hun tilbage.

En vigtig ting i forbindelse med et telefonopkald, var at ringe af, når samtalen var slut, for ellers vidste telefondamen jo ikke, hvornår hun skulle trække vores telefonledning ud af betjeningspanelet, og regningen kunne jo ikke skrives, før samtaletiden var noteret.

På et tidspunkt i 60erne måtte far opgive at kunne leve af 7 tønder land, så jorden blev forpagtet ud og han fik job som vejmand.

Nu var der pludselig rigtige penge for udført arbejde, og det resulterede i, at far købte familiens første bil, en gammel Ford Popular, så nu kunne han køre i bil til arbejde, hvis den da ville starte.

Det skete ret tit, at mor og jeg måtte skubbe Popularen, et stykke hen ad vejen for at få motoren i gang. Nogle gange kom den ikke i gang før vejens lille bakke var slut, så blev håndbremsen trukket og ansigtets folder lagt i en bekymrende mine.

Så drejede far rundt på håndsvinget, mens han blev meget rød i hovedet og bandede i stigende grad, proportionelt med drejehåndtagets antal af omgange, mens jeg sad nervøs på forsædet og regulerede på chokeren og gaspedalen.

Da olieraffinaderiet i Kalundborg startede, og far fik job der, var det starten på en ny tid med velstand, og deraf følgende muligheder for at købe hvad der var behov for.

Det første helt store køb blev en sort VW på afbetaling, og senere blev den udskiftet med en lyseblå af samme mærke i nyere udgave.

Disse folkevogne var af en anderledes stabil type, de startede altid, og jeg tænkte godt det samme, for der var jo ingen håndsving.

Allerede i 1966 var huset blevet beriget med et fjernsyn, og de 2 gamle mennesker var lykkelige i deres lille hjem, for selv om min mor aldrig blev lønmodtager, og min far kun var det i sine sidste år, havde de i kraft af sparsommelighed, og sund fornuft, formået at få det hele til at hænge sammen.

Selv en støvsuger kom ind i det gamle hjem, og det ægte tæppe som jeg hjembragte fra en tur til Indien, blev næsten slidt op af støvsugeren.

Min far som havde slidt sig selv halvt ihjel, med at knokle i det gamle landbrug, og siden som lønmodtager på laveste niveau, glædede sig til at blive pensioneret, så han ikke længere skulle slide for føden.

Da dagen oprandt og han fyldte 67 år, var han glad, han skyldte ikke nogen noget, han havde sørget for at udrydde al gæld, og nu skulle han nyde sit otium.

Året efter døde han, efter lange tids sygdom.

Min mor sad som enke i mange år, og jeg fik rettet lidt op på den dårlige samvittighed, som altid præger de efterladte, som set i bakspejlet, godt kunne ha' været lidt mere tilstede imens tid var.

Det skete ved, at jeg fik min mor overflyttet til det lokale plejehjem i Jylland, kun 100 meter fra min bopæl, så nu kunne jeg besøge hende dagligt i hendes alderdom.

Jeg selv har været utroligt meget igennem på godt og ondt, mest godt.

Det startede med at folkeskolen indstillede mig til at fortsætte i videregående uddannelse i Kalundborg, og da jeg fortalte det hjemme, fik jeg den besked, at jeg ikke skulle fortsætte i skolen, jeg skulle ud og tjene penge.

Da jeg altid har haft stor lyst til at blive elektriker, opsøgte jeg en elektrikermester i Kalundborg og fik at vide, at jeg godt kunne få en læreplads hos ham, dog med *en* betingelse, at jeg tog *et* skoleår mere.

Den besked overbragte jeg dem derhjemme, men da de aldrig har været særlig fremsynet, fik jeg den besked, at det var vigtigt at tjene penge, så jeg fik øjeblikkelig indtjeningsmulighed på en kyllingefarm, hvor jeg fra morgen til aften skulle muge kyllingelort ud fra de hundredvis af kaglende kræ.

Efter nogen tid kom min far til mig og fortalte, at han havde fundet en læreplads til mig i Kalundborg. Nu skulle jeg være maler.

Det viste sig senere at fars arbejdskammerater havde sagt til ham, at det var forkert, at han havde nægtet mig skolegang og elektrikerlære, så nu skulle der altså repareres på skaden.

Derfor kom jeg i lære til noget, som jeg absolut ikke selv havde ønsket, og det fik også det resultat, at jeg rømmede fra lærepladsen.

En dag da jeg var færdig med at håndskrabe en undervogn på en lastbil, fri for rust, kom min chef hen til mig og spurgte, om jeg havde planer om at skulle ud og sejle?

Han havde været inde og kigge i mit private omklædningsskab, og havde fundet en søfartsbog.

Jeg indrømmede, at det var en del af mine fremtidsplaner.

Hertil svarede min meget flinke chef. Hvis du forlader lærepladsen i utide, så er du erstatningspligtig over for firmaet, og det kan komme til at koste dig dyrt.

Men hvis du gerne vil ud og sejle, vil jeg ikke stå dig i vejen, så hvis det er din endelige beslutning, river jeg bare lærekontrakten itu.

Så kan du gøre, hvad du har lyst til, og jeg kræver ingen erstatning, men ønsker dig held og lykke.

Det har jeg aldrig glemt ham for, han var en af de flinkeste arbejdsgivere, jeg nogen sind har haft.

Kort tid senere fik jeg brev fra ØK, om at jeg havde fået hyre.

Nu begyndte eventyret.

Jeg rejste herefter verden rundt på kryds og tværs, og hvad jeg oplevede i de år, hvor jeg sejlede "på de syv have", vil jeg aldrig glemme. Jeg så utroligt mange fremmedartede livsformer forskellige steder i verden, og så fik jeg oven i købet løn for det.

Jeg har været i så mange lande, at det er nemmere at nævne, hvor jeg ikke har været, og oplevelserne har været mere end fantastiske.

Her kommer 3 små historier fra den tid, som var så fuld af oplevelser at hvis de skulle skrives her i bogen ville det fylde alt for mange sider.

Historie 1.

Mange dage i Bombay.

Da tolderen kom om bord, foregik det via en lejder op til toppen af rælingen, derfra var der et stort stykke ned til dækket, men det blev afhjulpet ved at man satte en stor trækasse som trappetrin. Når tolderen så havde gennemset skibet og forvisset sig om at der ikke var gemt smuglervarer nogen steder, så gik han tilbage til sit kontor, som lå i havneområdet.

Hvad han ikke vidste, var at den store kasse som var trappetrin også var fyldt med Whisky. Sammen med de cigaretter som vi også havde gemt, gav det et pænt overskud, men da vi lå meget længe i Bombay på grund af brand i maskinrummet, havde vi også brug for pengene.

Jeg købte et kostbart gulvtæppe, som jeg bragte hjem til min mor, og jeg fik også syet en uniform-lignende sæt tøj af kaki. Der blev også råd til et par elefanter af Sandeltræ, og derudover blev der råd til en tatovering på min venstre arm, (man var vel sømand).

Tatoveringen kostede kun nogle få rupees (ca. 5 kr.). Nu ligner tatoveringen en ubestemmelig blækklat.

Historie 2.

Vi har været ude i en orkan, hvor bølgerne blev målt til ca. 25 meters højde.

Det var i Det Indiske Ocean. Da vi stod ud fra Aden, var vejret pragtfuldt, vi havde havblik, og flyvefisk og delfiner var det eneste som kunne bryde havoverfladen. Da vi havde sejlet ca. et døgn slog vejret totalt om, nu skulle vi komme til at opleve det, som kun garvede søfolk kan berette om.

I starten var det bare almindelig storm, så alt blev surret, der blev sat høje kanter (slingerkanter) både på komfuret i kabyssen og på bordene i messen, men snart viste det sig at kabyssen blev lukket, og der blev spændt trosser på langs af dækket fra salonbygningen til mandskabsbygningen, som lå over maskinrummet. Det gav mulighed for, stadigvæk ved hjælp af sikkerhedslinjer, at bevæge sig fra den ene bygning til den anden.

Men da Orkanen tog rigtigt fat, så var der ingen der bevægede sig, så klamrede man sig bare til de faste ting, som var i nærheden. Jeg husker stadig, hvorledes jeg gennem et koøje så stævnen forsvinde ind i en ca. 25 meter høj bølge, og kiggede på hvorledes vandet rullede hen over dækket i flere meters højde. Når man så havde redet igennem sådan en bølge, var det svært at forstå, at stævnen stadigvæk var der, og at den var klar til endnu en bølge.

Skibet var ikke et svejst skib, næ det var fra den tid, da man nittede alle pladerne sammen, og det var måske vores held, for et svejset skib er mere stift og risikoen for at det knækker, er derfor større.

På et nittet skib kan hver nitte give sig en lille smule, og det betyder at skibet faktisk kan vride og dreje temmelig meget, og det gjorde vi meget på den tur.

Nittede skibe knager meget, men så længe det knager, så holder det.

Historie 3.

Jeg var med i redningsaktionen, da færgen Skagerak sank.

ØKs Korea reddede 6 mand. Det var d. 7. september 1966, vi var på vej ud af Kattegat, da kaptajn Gunnar Jacobsen meddelte, at Skagerak havde udsendt S.O.S.

Straks satte vi kursen mod den synkende færge. Redningsaktionen er nok den mest vellykkede i nyere tid, idet alle 144 ombordværende blev reddet. Af de 6 personer, som vi reddede, var der 5 besætningsmedlemmer fra færgen og en præst fra Italien.

Jeg husker stadig tydeligt, hvorledes præsten hang i reblejderen på siden af skibet længe efter, at de andre var kommet om bord. Præsten havde simpelthen ikke kræfter til at kravle op ad lejderen, så hver gang skibet svajede over til styrbord, forsvandt han ned under skibets side, og vi stod og var spændt på om han stadigvæk hang fast i lejderen, når skibet efter et stykke tid rullede over til bagbord.

Det gjorde han, og det gentog sig mange gange, hver gang var det som en evighed. Hurtigt fik matroserne rigget en bom klar, og så trak de ham og hele nettet op på dækket, hvor han faldt omkuld, totalt udmattet. Alle fik den fineste behandling, som er skik og brug ved skibsforlis.

Præsten "lånte" et par af mine cowboybukser og en af min mors hjemmestrikket sweater. Jeg fik dem aldrig tilbage, han har sikkert taget dem med til Italien og gemt dem, som et kært minde om en dag, der sluttede lykkeligt. Og lad det være ham til glæde.

På det tidspunkt, hvor jeg sejlede, var containeren ikke opfundet, alt blev fragtet som stykgods, så når vi lastede eller lossede, foregik det ved håndkraft.

Hver enkelt sæk eller kasse blev håndteret af mennesker, som rakte tingene fra hånd til hånd indtil logistikken var fuldført.

Det var "før verden gik af lave", og vi lå så lang tid i havnene, at vi kunne nå at se andet end det lokale værtshus.

Den gang var der et verdensomspændt netværk af sømandsmissioner, og næsten uanset hvor man lå til kaj, var der en sømandspræst, som kunne tilbyde udflugter af mange forskellige arter.

Man kunne komme på safari, zoo, templer, forlystelsesparker, fodboldkampe mod andre skibe, shopping, osv. osv. Sømanden fra den tid, har utroligt meget at takke sømandskirkerne for.

Tiden om bord på et fragtskib i 60erne, var et slid fra morgen til aften, med kæft, trit og retning, men det var også en oplevelse, som jeg aldrig glemmer, og som jeg ikke vil være foruden, mine oplevelser i den danske handelsflåde er simpelthen det største i mit liv.

Da jeg sejlede, fik jeg en ven som jeg stadigvæk har.

I 1967 var jeg og min bedste ven afmønstret et skib i København og i tiden inden næste påmønstring havde vi job som tjenere på restaurant Frascati på

Rådhuspladsen, som lå på hjørnet af Vesterbrogade og H. C. Andersens Boulevard.

En dag fik vi besked om, at vi den efterfølgende dag skulle iklæde os husets fine smoking, fordi etablissementet ville få kongeligt besøg.

Næste dag ankom kongehusets store biler og ud steg Grev Henrik de Monpezat med følge.

Grev Henrik de Monpezat skulle holde polterabend og selskabet ville indtage et måltid på Frascati.

Om det skyldes min vens særligt fine egenskaber i tjenerfaget, at netop han skulle servere for Hans Majestæt Kong Frederik IX kan du læse længere nede i teksten, men han var meget nervøs for at udføre arbejdet korrekt, og da han ville tage af bordet, var der noget bestik fra forretten, som skvattede af tallerkenen, og landede mellem ryglænet på Kongens stol og hans fine jakke.

Meget forsigtigt trak han kniv og gaffel tilbage, som nu var helt rent, men desværre efterlod et spor af lidt gravad laks med sennepssauce og dild på den Kongelige jakke.

Direktøren for restauranten, som havde skjult sig, blev kridhvid i ansigtet og begyndte af en eller anden grund at gøre honnør, og så fortalte han hvorledes han ikke kunne fordrage mig og min familie.

Da jeg kom tilbage til bordet, var kongen i gang, med at tænde sin pibe, og da han så mig, smilte han og blinkede med øjnene.

Den dag i dag bruger vi i familien stadigvæk den samme teknik, hvis nogen kommer til at spilde på dugen, så smiler vi og blinker med øjnene.

Når jeg husker det så tydeligt, skyldes det nok det faktum; at det er sandt, men ikke mindst, at kongen tog det så positivt.

Her er en lille personlig beretning fra min ven om oplevelsen:

Så vidt jeg husker, var det meningen, at der var forud bestemt pladser, således at de bedste borde, med bedste betjening i form af Overtjenere med Inspektørassistance var sat til at betjene Regentparrene.

De indbudte gæster og venner skulle så sidde i vores afdeling, men da det glade selskab arriverede, besluttede de sig til, at sidde hvor de nu havde lyst.

Jeg husker, Prinsesse Benedikte, Prinsesse Anne-Marie med Gemaler og venner var først inde i restauranten og satte sig straks ved nogle af bordene, som var forbeholdt Kongerne.

Derefter satte alle sig, hvor de havde lyst til, og på denne måde endte jeg op med Kong Frederik, Kong Gustav og Kong Olav, med følge samt et par mere, i alt var der 8.

Det viste sig at blive til min fordel, for da hovedretten (dyreryg tror jeg) skulle serveres, var det anrettet på store ovale fade, som var meget tunge.

Der stod ca. 20 tjenere i én lang kø og ventede på deres tur til at få leveret middagen, jeg var bagerst i rækken, og da det tog sin tid, fordi der skulle meget pynt på, skreg jeg:

"Jeg har en masse Konger ved mit bord". Så sparkede Direktøren mig forrest i rækken, mens han råbte:

"Schrøder har Kongen!".

Efter middagen sneg alle de unge inkl. Prinsesser og Gemaler sig ud af en sidedør, sprintede ned af H. C. Andersens Boulevard for at undgå alle fotograferne, og gik i Tivoli.

Da jeg kom hjem, efter at ha' rejst jorden rundt et par gange, begyndte jeg straks at fortælle mine venner, hvad jeg havde oplevet, og i starten lytte de meget interesseret til mine beretninger, men efter kort tid kunne jeg i øjenkrogene se, at der var nogle af vennerne, som begyndte at grine, og en af dem sagde spøgefuldt, så nu fortæller Willy eventyr.

Det var nok et udtryk for en blanding af misundelse og tvivl om historiernes rigtighed, at disse små udsagn kom frem, og det var også ganske utroligt, hvad jeg kunne fortælle, om en verden som de slet ikke kendte, så jeg forstår dem godt, for mine venner havde jo ikke oplevet bare en brøkdel af, hvad jeg havde.

Jeg fandt hurtigt ud af, at hvis jeg ville fortsætte med at være en del af flokken, skulle jeg stoppe mine fortællinger, og det gjorde jeg. Siden har jeg aldrig talt om det til nogen, heller ikke min kone eller mine børn.

Jeg lagde et så kraftigt låg på mit sømandsliv, at jeg lod det gå i glemmebogen, og det var først, da jeg på min IT-uddannelse, blev opfordrede til at genoptage udbredelsen af min viden, om livet om bord i den danske handelsfløde, at jeg begyndte at skrive om tiden "før verden gik af lave".

Det medførte, at jeg skabte Danmarks største maritime hjemmeside om søfart i ØK i 60erne, derefter en bog, og til sidst 5 film om samme.

Det blev ikke gjort for at vise hvad jeg kunne, men for at skrive et stykke erhvervshistorie, der handler om en side af danmarkshistorien, som ellers sjældent er blevet tilgodeset, og jeg har gjort det absolut "non commercial"

Min sejlertid, var jo før den store globalisering, hvor alt fremmed som ikke umiddelbart var tilgængeligt inden for Danmarks trygge rammer, blev behandlet med skepsis.

Når man kommer hjem igen efter sådan nogle oplevelser, og ser hvad folk kan finde på at klage over i Danmark, bliver tingene nemt set og bedømt i et anderledes lys, og ord som nej-sigere og bondementalitet trænger sig på.

Der er folk i Danmark, som har så ringe format, at de modarbejder den verden som de selv er en del af, og derved bremser de udviklingen til skade for dem selv.

Jeg tænker tit på, at når folk en gang imellem udtaler sig snæversynet og navlebeskuende, skyldes det enten uvidenhed eller en skjult dagsorden.

Alle unge mennesker burde man tvinge til at tage til et u-land i 1 år eller 2 år, gerne flere steder, for derved at erfarer hvordan stederne fungerer eller ikke fungerer. Så vil de komme beriget hjem og prise de værdier, som hersker herhjemme.

Det er så let at sidde lunt og godt i egen hule og bedømme andre, men når jeg til tider har hørt folk udtale sig, om situationer som de aldrig selv har oplevet, så tænker jeg i mit stille sind: "I ved jo ikke hvad I taler om".

Min tid som soldat er hurtig at beskrive, jeg skulle melde mig på Almegårds Karserne og regne med at det ville tage 14 måneder, inden jeg atter blev "løsladt", vi blev udelukket kaldt ved nummer og der var kadaverdisciplin.

Hvis man glemte at hilse ved at gøre honnør, blev der råbt 52, skal de ikke hilse? Første gang tænkte jeg, hilse fra hvem? Men også den disciplin blev hurtigt lært.

Hvis man ikke bærer hovedbeklædning, skal man ikke hilse, så vi gik meget tit barhovedet.

Det vildeste, som soldatertiden kunne byde på, er nok da Sovjet i 1968 intervenerede Tjekkoslovakiet.

Samtlige soldater fik inddraget al orlov, og der gik derfor 1 hel måned uden mors madgryder. Vi fik skarpt i geværet og udstationeret ved Hammer Knude, for at bemande og bevogte en transportabel radarstation, og vi fik ordre på at skyde på alt mistænkeligt på stranden.

Der var stor aktivitet på havet rundt om Bornholm, for Østlandene ville vise muskler, men heldigvis blev der ikke løsnet et eneste skud.

Lettelsen var stor, da vi som civilaspiranter kunne se at vores "målebånd" snart udløb, og vi kunne se frem til frihed.

Efter min tid i militæret gik jeg i voksenlære, denne gang som Autolakerer og Skiltemaler og selv om jeg fik malerskolens højeste karakter, en medalje, og en masse hæder, var det ikke malerfaget, som trak i mig.

Jeg arbejde efterfølgende som skiltemaler i nogle år, og selv om det i starten gik rigtigt fint, hvor jeg kom rundt i byen og håndmalede reklamer på byens vægge og vinduer og biler, så blev det for trivielt, da man valgte at gå over til at bruge folie.

Da jeg lavede skiltemalerarbejde, var det sådan, at når en bil med påmalet reklame kørte gennem byen, kunne man se om det var Torben Fyen, Søren Ellesøe, eller Willy Brorson, som havde malet det, for man havde hver sin personlige stil på skriften.

Da man gik over til fotos, som blev projekteret ned på folie og skåret ud med en computerstyret skæremaskine, forsvandt håndværket.

Da det kreative i håndværket forsvandt, og en skiltemaler blev reduceret til en foliemontør, forsvandt jeg også.

Jeg var "mærket" af min tid i ØK, hvor jeg havde mulighed for at se nye ting hver dag, og det var en kæmpe gevinst for mig, da jeg ved en tilfældighed, fik job som lastbilchauffør hos en vognmand på Sjælland.

Nu var min forrude ligesom en film der hele tiden ændrede sig, jeg så hele tiden nye omgivelser, og fik nye indtryk, mødte hele tiden nye mennesker, og var hele tiden alene i verden, præcis som da jeg var enebarn og senere sømand.

Forestil dig at man møder om morgenen og spørger, hvad skal jeg lave?

Hvortil der svares, du kan køre dig en tur!

Det er da næsten den ultimative frihed, og det stod på i ca. 35 år.

1970 var året, hvor jeg mødte mit livs kvinde.

Jeg var taget til bal på Møllebakken i Kalundborg, og der var også nogle sygeplejerskeelever fra Ubberup Højskole, som også ville danse.

Jeg inklinerede og fik et ja, vi dansede hele aftenen og siden da, har vi været uadskillelige. Vi fik 2 børn og 5 børnebørn og alt hvad dertil hører, og det er grunden til, at jeg med stærk overbevisning, kan kalde mig selv LYKKELIG.

Arbejdsmæssigt er chaufførjobbet det bedste, som er sket for mig, jeg indrømmer at jeg af samme grund nok ikke er særligt socialt anlagt, det er ikke af ond vilje, men udelukket funderet i min opdragelse som enebarn.

Omkring årtusindeskiftet tog jeg en IT-uddannelse, og det har holdt mig beskæftiget med computere og tilhørende programmer helt frem til mit otium. Jeg har skrevet bøger, lavet filmarbejde og produceret hjemmesider m. m. og forsøger at følge med i udviklingen, så godt jeg kan.

Den vej i livet, som blev mig forundt, har simpelthen været fantastisk, og hvis jeg skulle gøre det hele om, er der intet, som jeg ville være foruden.

De muligheder, som jeg har haft, er rundet af den opvækst, som jeg fik i Kærby Sø, plus min egen evne til selv at tage stilling til tidens krav.

I det hele taget er jeg disse "små" mennesker (far og mor) evig taknemmelig for det de gjorde i 1951. Det viser hvor "store" de var.

Vel manglede vi altid penge og vel kunne vi ikke få varer i brugsforeningen, hvis ikke vi kunne købe på klods, men vi kunne altid betale regningen, når høsten var i hus, og mine forældre forstod at få tingene til at hænge sammen.

Vi var fattige på penge, men manglede aldrig mad, og opdragelsen var i så god en ånd, at jeg har lært og besluttet, at jeg *vil* være et positivt menneske.

Hvad er det så der kræves for at være positiv?

For mig er det, at være tilfreds med de muligheder som livet byder, og få det bedste ud af hvad tilværelsen kan tilbyde.

Herfra vil jeg forsøge at give nogle flere tilbageblik i tiden fra 50erne og fremover, det bliver en del stemningsberetninger, som jeg husker dem, og jeg vil forsøge at ramme sandheden, så godt det er muligt.

En varm sommeraften, grusveje så langt øjet rækker, ingen trafik kun naturens lyde.

I det fjerne kan man høre sygeplejerskeeleverne fra Ubberup Højskole komme marcherende på 2 rækker, mens de synger sange fra Højskolesangbogen.

De marcherer forbi de 4 små landejendomme, op til det højeste punkt på vejen ind til Kærby, vender og marcherer derefter tilbage til Højskolen, stadigt syngende, og til sidst fortoner lyden sig samtidig med at solen går ned.

Jeg husker især en aften, hvor dette fænomen udspillede sig, at far gav mig besked om at gå pigerne i møde, for at gøre dem vejen lettere. Gerningen bestod i, at når de fra nordsiden af vores beboelsesområde skulle passere jernbanen, skulle jeg åbne de gamle trælåger, som altid skulle lukkes efter passage.

Der stod jeg stolt og ventede på, at de kom retur for atter at passere jernbanesporet, så jeg kunne udføre mit meget betydningsfulde job, min løn for det var 20, måske 25 smil fra de søde piger, som stadig syngende vandrede tilbage til højskolen.

I de tider var min fars arbejdsdag meget lang, for han havde et lille job som mælkekusk for Kærby Mejeri. Turen var delt mellem min far og hans bror, som boede på naboejendommen.

Der skulle 2 heste til at trække vognen, og da de havde 1 hest hver, passede det som fod i hose. Så kørte de turen hver anden uge, og afløste hinanden hvis der opstod sygdom, eller anden uforudset hændelse.

Far og mor stod op ca. kl. 04:00, for vores egne køer skulle malkes, inden han startede turen, således at vores mælk også kom med på mejeriet. Så gik turen rundt til gårdene i området og første destination var Ubberup Højskole, derefter samtlige gårde på vejen ind til Kærby.

Det var et ret hårdt arbejde, for mælken blev transporteret i store mælkejunger, som skulle svinges op på ladet, som på grund af vognens beskaffenhed var temmelig højt oppe.

Det var en vogntype, som også blev brugt i marken, og jeg ved ikke om navnet på typen er helt rigtig, men far kaldte den altid "fastvogn"

Den havde meget store træhjul med jernringe, og når den var i fart, udsendte den utrolig meget larm, og det rystede så meget, at mælken var på vej til at blive kærnet til smør, inden vi nåede mejeriet.

Når det var vinter, skulle vi tidligere op om morgenen, for hestene skulle have ekstra søm slået ind i skoene for at kunne stå fast på vejens is og sne.

Disse ekstra søm hed "brodder" og stak et stykke længere ned i underlaget end selve hesteskoen, så det virkede ligesom pigsko, når dagen var slut skulle "brodderne" trækkes ud igen, for hvis de blev slidt for meget ned, kunne de ikke trækkes ud igen, og så kunne man jo ikke slå nye i.

Jeg selv har prøvet at være med på nogle af mælketurene, og det var virkelig spændende, for dels fik man andre steder at se, og at åbne og lukke jernbaneleddet, var også med i jobbet, og så skal man huske, at det var mens dagen begynder, hvor solen langsomt stod op og fuglene begyndte at synge deres sange, hanen galede i nærheden og en tosset hund ville selv bestemme, hvem den ville tillade at passere.

Senere blev mælketuren mere komfortabel, da "fastvognen" blev udskiftet med en vogn med et lad, som var lavere monteret og bredere og med gummihjul. Det betød også højere fart, dog ikke hurtigere end trav.

På et tidspunkt skulle mælketuren
udbydes, som der stod skrevet i reglerne
og i den forbindelse kom naboen på en
snak om dit og dat, på et tidspunkt i løbet
af samtalen, blev udbydelsen af
mælkeruten også drøftet. Under denne helt
uformelle samtale, spurgte den rare nabo
om, hvorvidt det var lønsomt med sådan et
job, og min far glemte helt at holde kortene
ind til kroppen, så han fortalte villigt om,
hvad han fik pr. kilometer, og det var ikke
så ringe endda.

Da dagen oprandt, og de indleverede
tilbud på ruten skulle vurderes af mejeriets
bestyrelse, viste det sig, at vores gode
nabo havde budt 25 ører under den pris,
som far havde givet, hvilket betød at
mælketuren for fremtiden blev kørt med

traktor og tilhørende gummivogn af nyere model.

Chaufføren var vores gode nabo, og han sad behageligt indendørs i opvarmet førerhus, forskånet for vind og vejr, og fremtidsudviklingen havde dermed begyndt sit indtog.

Der gik nogle år, hvor de 2 ikke talte sammen, men tiden læger alle sår, og de kunne senere hen i livet igen se hinanden i øjnene, uden at nævne fortiden.

I marken var der altid noget at lave. Årets gang bød hele tiden på opgaver, som skulle løses.

Foråret startede som regel med at vandre op og ned af marken for at mærke om jorden kunne bære. Man gik først ud på de højtliggende områder, og når de var klar, ventede man lidt, indtil de lave områder også var så tilpas tørre, at man kunne gå på dem uden at den lerede jord klæbede til støvlerne.

Når tiden så endelig var inde, lånte vi farbrors hest og med 2 heste foran den 1 furede plov gik det så fure op og fure ned, indtil marken var sort af frisk jord.

Det var nok det hårdeste arbejde på hele året, og samtidig det mest tidskrævende. Jeg har selv med tømmen svunget over skulderen gået kilometer efter kilometer, mens jeg dels skulle holde øje med retningen og fugens dybde, også skulle holde øje med hestene og selve ploven. Det var ikke svært at få appetit til måltiderne, når dagen var omme.

Når marken var pløjet færdig, skulle den have en omgang med en harve, og det var et hyggejob, der skulle kun bruges 1 hest, og man kunne få tid til at lytte til lærkens forårssang.

Når fugten havde sluppet jorden helt, var det tid til at putte korn i jorden, og her husker jeg fars fortvivlelse over at se en sky i horisonten, for selv en lille regnbyge kunne stoppe såningen, da tudene hurtigt blev klisteret til med lerklumper, så kørte han bandende hjem og spændte fra, og smilet kom ikke frem, før solen atter havde tørret marken, og derved forbedret hans humør.

Efter endt såning var det tid til at tromle og nogle gange at slæbe.

Tromling var som harvning ren fornøjelse, men når far besluttede at denne gang trængte det også til at blive slæbt, havde jublen ingen ende.

Slæbningen foregik ved, at et meget bredt stykke træplade blev lagt på jorden, så blev vores hest spændt foran, og når det så gik ud over markerne, var det med en kæk dreng stående på pladen, mens hesten i rask tempo travede op og ned af markerne.

Jeg følte mig stærkt forbundet med gladiatorerne i Rom, når de fræsede rundt i manegen og til tider med en opstrakt arm i triumf hilste kejseren, når man passerede logen.

Lærkerne gav sit besyv med og havde nu også fået selskab af en af verdens dygtigste flyvere viben, og når viben og svalen er kommet, så er det vår.

I ledige stunder, gik jeg på jagt efter blomster, og kom tit hjem med en buket markblomster til mor, hun satte dem altid i vand i en vase, selv om det kun var kornblomster og mælkebøtter, det var jo tanken der tæller.

En dag fik jeg lov til at anskaffe mig en kanin, hvis jeg lovede selv at fodre den hver dag.

Det blev en Hvid Land, og den fik hvad den kunne æde, en dag foreslog far, at jeg skulle få den parret med en anden Hvid Land, som sagt så gjort.

Min kanin sad i en sæk, bag på min cykel, de ca. 6 kilometer indtil vi var hos manden som havde "Værktøjet"

Parringen tog ikke lang tid, og jeg kørte hjem igen med min gravide kanin, nu var der bare at vente.

Efter nogle uger kom resultat, de små søde kaninunger, som alle sammen var hvide med røde øjne, var ægte Hvid Land, og de fik lov til at være hos moderen, indtil jeg havde fået bygget et nyt kaninbur til dem.

Da ungerne havde gået der en tid, fik de pludselig selv unger, og jeg blev bygningsmester i kaninbure, men situationen var uholdbar.

På et tidspunkt havde jeg mere end 50 kaniner og min interesse for de små ”dunboller”, var for nedadgående, og fodring af de små kræ blev overtaget af mor.

En dag, hvor jeg kom hjem fra skole, havde der været en lastbil fra Ringsted Fjerkræslagteri, og alle mine kaninbure var tomme.

Senforår er en tid, hvor alting gror, og det er tid til at hakke roer for første gang.

Den gang såede man ikke roer enkeltvis, nej der stod en tyk pølse af roer fra start til slut, og de skulle tyndes ud, så de kom til at stå enkeltvis.

Der skal være et kvarter imellem, (ikke i tid men i mål, ca. 10 cm.) det er en meget enkel arbejdsbeskæftigelse med en meget enkel arbejdsstilling, og jeg har tit haft svært ved at ligge lige, når jeg efter en lang dag kom til køjs.

Den arbejdsstilling, som var så hård for muskulaturen, skulle gentages et par måneder senere, når roerne skulle hakkes anden gang, men nu var det kun ukrudt, som skulle fjernes, så det var meget lettere, og nu var det blevet sommer.

Den ensformige hakkebevægelse i roerækkerne, kunne nu få afløsning af den gymnastiske øvelse som hedder, spredning af kunstgødning.

Vores spredning af kunstgødning foregik også ved håndkraft, og det var faktisk ligesom at gå til gymnastik, man spændte en sæk på skrå over skulderen, og gik så ud over markerne, mens man med en fejende bevægelse med hånden spredte de for bonden så givende nærings suppleringer.

Far instruerede mig nøje i, hvordan det var vigtigt at svaje med armen og afslutte bevægelsen med et svirp, for at undgå skarpe og utilsigtede grænser mellem sporene.

Nogle år senere havde far set en maskine inde hos smeden, som han synes vældigt godt om, især prisen var god. Der blev investeret i sagen og pludselig var vores arbejdssituation væsentlig forbedret.

Det var en brugt tallerkenspreder, som kunne sprede kunstgødning helt jævnt, og meget hurtigere end manden med sækken.

Nu gik der nogle uger, hvor man venter på årets travleste tid, høsten. Det var tiden, hvor svalerne havde unger, og det var fantastisk at se, hvordan de flyvende luftakrobater kunne flyve ind i stalden gennem en rude på størrelse med ca. 12x12 cm.

Efter indflyvningen, manøvrerede de lynhurtigt rundt mellem mennesker, dyr og træstolper, hen til reden og efter endt fodring, retur ud gennem den lille åbning.

Når jeg havde lidt tid tilovers, hev jeg søm ud af de gamle affaldsbrædder, som far købte hos tømreren inde i Kærby, brædderne skulle bruges som billig brænde i gruekedlen, og sømmene kunne jeg med en hammer rette, så de kunne genbruges.

Men ventetiden blev en dag for lang, så jeg ville prøve at finde ud af, hvor længe man kunne kildre en hest i haserne, uden at den reagerede.

Der gik faktisk en rum tid, men selv om en "Oldenborger" er en skikkelig hest, har den en begrænset tålmodighed, og pludselig var tålmodigheden udløbet.

Jeg ved ikke, hvad der skete, men pludselig lå jeg bevidstløs ude midt i gården.

Jeg var fløjet derud udelukket ved hjælp af hestens bagben.

Fra den dag af blev jeg klar over, hvad det betyder, at have mange hestekræfter.

Det var den samme hest, der gav mig sparket, som jeg et par uger senere skulle hente hjem fra græsning på en mark, som lå på en nabogrund, og da jeg ville prøve, hvordan det er at ride uden sadel, som vikingerne gjorde, satte jeg mig op på dens brede ryg, og slog hælene hårdt ind i siden på den.

Hesten blev noget forbavset over mine hæle, så den satte tempoet op til galop, og da jeg ikke havde noget at holde fast i, røg jeg ned fra den høje hest.

Jeg landede hårdt på græsmarken, og hesten luntede videre, da jeg kom hjem uden hest, konstaterede jeg, at hesten *var* kommet hjem uden mig, og jeg tror, at den kunne huske den lille irriterende dreng, med det røde hår.

En anden gang, hvor jeg faldt ned, var da jeg havde læst om "Supermand", der kunne flyve gennem luften som et lyn.

Jeg kravlede op på vores brændeskur, og med en paraply i hånden kastede jeg mig ud i luften. Da jeg ramte jorden, forstod jeg at der nok var noget, som jeg havde forregnet mig i.

En anden gang var jeg kravlet helt op på ryggen af stuehusets stråtag, og da jeg spankulerede hen af ryggen på taget, kom der pludselig en vind, som var ved at blæse mig ned derfra, kun ved at gribe fat i sråltrådsnettet, som holder mønningen, undgik jeg at styrte ned.

Selv om jeg deroppe fra havde et fantastisk vue over området, holdt jeg denne hændelse hemmeligt hele mit liv.

En anden alvorlig hændelse kunne jeg ikke holde hemmelig, selv om jeg prøvede i ret lang tid.

Jeg havde fået fat i et forstørrelsesglas og som den nysgerrige dreng, jeg var, gik jeg ud for at udforske verden med dette fantastiske glas.

Jeg startede med en myretue, hvor jeg rodede rundt med en pind i boet, og derefter studerede hvordan myrerne myldrede rundt i tuen. Da myrerne blev kedelige, gik jeg over til farbrors ejendom, for der måtte da være noget som skulle studeres.

Jeg sad forskellige steder og studerede og efter et par minutter sad jeg i halmstakken og hyggede mig. Pludselig mærkede jeg, at der var varmt ved mine ben, og da jeg kiggede nærmere på hvorfor, så jeg, at der var ild i halmen.

Jeg baskede vildt i halmen for at få den slukket, men ilden havde bredt sig med lynets hast, og der var derfor intet, jeg kunne gøre for at få det stoppet.

Herefter valgte jeg at forlade stedet og lade som ingenting, så jeg løb hjem og lod som om, jeg hele tiden havde været hjemme, samtidig valgte jeg at være overrasket over meldingen om, at der var ild i farbrors halmstak.

Brandbilerne kom fra Kalundborg og kunne kun konstatere, at halmstakken var brændt helt ned, og kun på grund af en meget gunstig vindretning, gik ejendommen fri.

Brandmændene hældte lidt vand ud over gløderne, og så kørte de igen.

Det var en spændende dag, hvor folk i Søen så noget, som de aldrig havde set før, men hvordan det kunne gå til, var en gåde.

Efter 1 times tid kom også politiet, og de spurgte alle ud om hvorvidt de vidste noget, og da det blev min tur til at svare, nægtede jeg al kendskab til branden.

Om jeg har spillet min rolle dårligt ved jeg ikke, men politiet vendte tilbage til mig flere gange, med de samme spørgsmål, og pludselig blev presset for stort.

Jeg erkendte, at jeg havde været uheldig med brændeglasset og med tårer i øjnene, bedyrede jeg, at det ikke var med vilje.

Sagen blev derved opklaret, og jeg fik en reprimande både af politiet og mine forældre, og så skete der ellers intet. Ingen straf, kun en skamfuld dreng.

På udkig efter nye eventyr, kom jeg forbi vores avnehus, og her fik jeg øje på et hvepsebo på størrelse med en håndbold.

Jeg fandt en tilpas lang pind, som jeg gik til angreb med, og virkningen udeblev heller ikke.

Hvepsene kom ud af boet i et antal på hundredvis og satte straks kurs mod mig. Jeg så, at de ikke ville mig noget godt, så jeg tog benene på nakken, så godt jeg kunne.

Desværre kunne hvepse flyve hurtigere end mine ben kunne løbe, så jeg blev indhentet af temmelig mange af de stikkende væsener, og jeg blev punkteret mange steder, især på halsen og ved det ene øje.

Efterfølgende måtte far køre mig ind til Doktor Iversen i Kalundborg, for at få styr på mit helbred.

Da sommeren gik på hæld, gjorde alle bønder sig klar til at skulle bjerge det korn, som skulle danne grundlag for fremtidig overskud/underskud.

Vi høstede ved hjælp af en selvbinder, trukket af de 2 heste, som i fællesskab havde trukket det store læs så mangen en gang i årets løb, og netop det faktum, at de 2 heste kendte hinanden så godt, til trods for deres store forskellighed, var af overordentlig stor betydning, for en større skrækindjagende og larmende helvedesmaskine, som en selvbinder var, er svært at forestille sig, selv for et hestepar, som havde oplevet lidt af hvert.

Den kraftige ”Jyske” og den store ”Oldenborger” blev spændt for Storm P-maskinen, og nu skulle det vise sig, om de kunne og ville honorere fars krav.

I starten gik det fint, selvbinderens mange mekaniske dele var blevet smurt, så fedtet det flød, de mange knive var blevet slebet, og de store sejl, som skulle transportere kornet op til bindeaggregatet, var blevet lappet og syet sammen, og selve binderen havde smeden kigget på, så med selvbindergarnet i garnbeholderen, var alle tænkelige forberedelser gjort.

Selvbinderen havde ry for altid at gå i stykker, og det ry bevarede den. Efter kun nogle få meter, blev vores "Oldenborger" så forbavset over en uventet lyd, at den med et spark frigjorde sig for sine forpligtelser, den ødelagde skaglen og første pause indtraf.

Hurtigt blev den lille skade udbedret, og dagens dont kunne genoptages, dog ikke uden flere afbrydelser, kniven voldte problemer, sejlene skulle spændes hårdere, vingerne, som skulle lægge kornet ned, skulle justeres og det allervigtigste apparat, binderen, gjorde altid knuder på den forkerte måde.

En selvbinder overgår enhver af datidens opfindelser, det var en indviklet, kompliceret maskine, som kunne få maskinens ejermand til at ligne fanden på sin helvedesmaskine.

Når man høster med selvbinder, skærer man i højre side og smider neg til venstre, men når man starter, kan det tit være svært, at komme til at køre den rigtige vej rundt første gang, på grund af eks. hegn, markveje, nabogrund, osv. osv.

Så kører man den forkerte vej rundt på første omgang og som følge af det, smider maskinen neget ind i marken, så skal man efterfølgende gå bag selvbinderen med en høtyv og fiske negene ud fra marken, inden selvbinderen kører den anden vej retur.

Jeg husker stadigvæk, hvordan det føles at gå en varm sommerdag i en bygmark og fiske neg, det giver røde ben, for når byggen høstes, har den nået det punkt i sin modningsproces, hvor den stikker aller mest.

For at imødegå at man kører alt for meget inde i kornet, kan man høste i forvejen med le i hjørner og ender, og det foregik ved at far førte leen og mor og jeg bandt neg, hvor vi ved en speciel metode brugte noget af kornet som bånd.

Når selvbinderen havde gjort, hvad den skulle, blev det tid til at sætte i traver. Her skulle man ikke have korte ærmer, for det stak som bare pokker. Efter en uges tid skulle alle traver vendes, og hvis det var en våd sommer, måtte proceduren gentages.

At køre i stak var sjovt, for hvis læsset blev lagt ordentligt, kunne det komme op i 3 meters højde, og køre sådan et læs hjem til stak var spændende, at vælte var ikke tilladt, og jeg husker heller ikke, at det skulle være sket.

Ringridning var en årlig tilbagevendende begivenhed, som nok kunne få folk til at vælte af hesten. Min fætter, som arbejdede på naboens maskinstation, kom til vores hjem dagen før den store ringridning inde i

Kærby, og han bedyrede, at han sagtens kunne ride vores hest frem til en præmie.

Ringridningen, som var datidens byfest, forløb over 2 dage, og den første dag skulle alle rytterne melde sig med hest, for at træne til løbet dagen efter.

Min fætter drog af sted med vores "Oldenborger", og far rystede på hovedet, for som han sagde, den kender jo kun farbrors "Jyske".

Der gik vel ca. 2 timer, inden vi så vores hest igen, den kom stille og roligt spankulerende langs marken, og gik selv ind i sin bås for at se, om der skulle være noget spiseligt.

Senere kom min fætter og var ganske forslået, både i krop og på sjæl, det viste sig, at der var lige så langt fra hestens ryg ned til jorden, som der var fra berømmelse til skuffelse.

Den hest var altid sulten, eller også var den bare klog. Den havde fået for vane, at mor gav den en humpel rugbrød, når den efter endt dont gik forbi vores hovedindgang.

En dag, hvor hun ikke var kommet ud med rugbrød til tiden, gik hesten hen til indgangen og åbnede døren, gik et par skridt op ad trappen, og stak sit hoved ind i gangen og videre ind til køkkendøren.

Her kunne den ikke komme længere, på grund af sin størrelse og både mor og far var skrækslagen for, om den med sine enorme kræfter kunne finde på at tage døren med ud, når den skulle bakke.

Den fik en stor humpel rugbrød og som tak bakkede den behændigt som en gymnast ud af huset, uden at der kom en eneste skramme.

Det var omtrent samme tid, hvor jeg udmærkede mig i en nu udgået disciplin, "tackling af svin". Vi havde ved en fejl glemt at lukke lemmene, som fører fra svinestalden ud til svinestien, og det var lykkes for en kvik gris at komme ud af sin sti.

Da den stod på gårdspladsen og drak af drikketruget, ville far tage fat i den, for at få den på rette vej, men grisen var som sagt kvik, så den flygtede gennem haven ud på marken og stod nu der som fri gris.

Vi forsøgte at omringe den, men at fange en gris på åben mark er ikke let, så foreslog far at vi bare skulle jage den rundt til den blev træt, og det lykkes, da jeg som nærmeste medlem af jægere ville snuppe den, skreg den og fandt nye kræfter, den lavede en undvigemanøvre som kun jeg kunne følge med i.

Jeg var lige begyndt at gå til fodbold i Rørby, og der havde jeg lært at tackle, og da grisen løb forbi mig, kastede jeg mig, som enhver målmand ville ha' kastet sig, og jeg fik fat omkring maven på grisen, og selv om mit greb blev mindre sikkert på grund af modstanden, så lykkes det ved fælles hjælp at fiksere svinet, og vi talte i spøg om, hvorvidt vi skulle have flæskesteg til middag.

Når efteråret havde farvet træernes blade gule, var det tid for roehøst. Også her udmærkede vi os med at høste på den måde, som kun gamle mennesker kunne huske.

Med bøjede ryg gik vi op og ned gennem roerækkerne, og med den ene hånd hev man hver enkelt roe op og i samme bevægelse med en roekniv i den anden hånd, at skille roe fra top på en sådan måde, at roerne og toppene lå i hver sin række.

Når så roerne skulle køres i kule, var vi udstyret med en greb og mens hesten trak vognen mellem rækkerne, gik vi og samlede roerne op på vognen.

Det var et stille og roligt arbejde, hesten forstod hver en lille afvigelse af tonelejet, hvori vi udsendte vores befalinger. Sagde vi frem gik den frem, stop betød stop, men man kunne også bruge andre ord for samme øvelse, bare tonefaldet passede til gerningen, jeg tror, at vi havde en meget klog "Oldenborger".

Kålroer (kålrabi) var lettere at høste, dem kappede man toppen af med et dertil indrettet roejern, som sad for enden af et langt skaft, og når man i fremadgående bevægelse havde frigjort toppen, kunne man i tilbagegående bevægelse hive den fri af jorden med et par jernsporer, som sad under bladet.

Indsamlingen var også lettere end roer, da vi måtte stikke i dem og derved ikke behøvede at bøje ryggen så meget.

Køre roer i roekule varede til langt ind på efteråret, og når de først var dækket tilpas godt til med halm og jord, var vinterføden til køerne sikret.

Når tiden var inde til at køre møg og ajle på marken, var tiden også til hårdt arbejde for vores hest, for nu var jorden blød og vognens træhjul sank tit så langt ned i pløret, at der skulle 2 heste til for at få vognen fri. Så fik vores "Oldenborger" igen selskab af farbrors "Jyske".

At køre møg ud på markerne var igen igen igen gammeldags. Møget blev gravet fra af møddingen og læsset op på vores "fastvogn", den vogn kunne/skulle bruges til alt.

Når møget var læsset på vognen i et omfang, som hestene kunne trække, blev det fordelt i små bunker på marken, ved at trække det bagud med en dertil fremstillet møggreb. Senere blev det så fordelt ved at man gik på marken fra bundt til bundt, og med greb spredte det så jævnt som muligt.

Mine plejeforældre var også tilsluttet en tærskeforening bestående af 4-5 ejendomme, som havde investeret i et tærskeværk, og når det på et tidspunkt langt ud på efteråret kom kørende, var det som at få besøg af Dalgårds Tivoli.

Udover selve tærskeværket, bestod det af en Fordson Major traktor med remskive, og de i foreningen tilhørende mandspersoner.

Tærsketiden var nok årets mest stressende tid, idet det var således, at når tærskeværket var placeret hos en bonde, så skulle alle de medfølgende folk have kost og nogle gange logi, og hvis der opstod problemer med tærskeværket, så kostede hver enkelt time penge.

Hver gang der sprang en drivrem, eller avnblæseren tilstoppede, eller halmpresseren glemte at slå knuder, ja så blev min far mere og mere rød i hovedet. Han sagde ikke noget, så længe der var folk i nærheden, men man kunne se det på hans farve i ansigtet.

Mit job ved tærskeværket, var at smøre drivremmen med en stor firkantet klump af noget som lignede harpiks, og jeg husker endnu, hvordan det gav et lille ryk i armene, hver gang samlingen kom forbi.

Derudover skulle jeg sørge for at fjerne avner for enden af avneblæseren for at undgå tilstoppelse, men ellers skulle jeg holde mig væk fra tærskeværket, for det var en farlig maskine, med mange hjul og remme og bevægelige dele, som larmede og støvede, så det kunne være svært at orientere sig.

Der var mænd, som skulle bære korn op på loftet i store sække, og når de kom derop, tømte de sækken og gik tilbage efter en ny. Det var kun for folk, som ikke havde problemer med ryggen.

Kornet fyldte hele loftet over stuehuset i ca. ½ meters højde, så det gav stuehuset god isolering mod den kommende vinters kulde. Det betød også, at dørene nedenunder skulle afmonteres fra deres hængsler, for kornet tyngede loftet ned så de ikke kunne åbnes og lukkes.

Så tog man 2 ringe af tappen på hængslet, så døren kom længere ned og omvendt rækkefølge, når kornet blev solgt.

Kornet på loftet var også spisekammer for mus og rotter, så vores kat havde travlt. Når katten havde spist, hvad den kunne, skulle den på toilettet, og det foregik også i kornet, så når vi solgte korn, skulle vi først rense det for lort.

De mus, som katten ikke fangede, boede under vores gulvbrædder med rede tæt på kakkelovnen, og da vi skiftede kakkelovnen til en bedre, myldrede det frem med mus, men katten gad ikke tage dem, så de blev smidt ud på marken.

Når mor fandt muselort i køkkenskabet, rørte hun gips op med vand og tilførte glasstumper, så lukkede hun musehullet med det.

Jeg ved ikke hvorfor, men far gemte altid nogle neg, som han ikke ville ha' tærsket, om det var for at have dem som reserve, eller det bare var for at kunne mindes gamle dage, hvor hans egen far stod og tærskede alene ude i loen, ved jeg ikke, men når vi var et stykke inde i det nye år, bredte han en presenning ud på gulvet i loen, hentede de gemte neg frem, og tog plejlen ned fra væggen.

Så begyndte han at tærske kornet, som bønder har gjort det helt fra tidernes morgen, nu fik det virkelig tærsk, og det er den simple grund til ordets ophav.

En plejl er en af de mest simple opfindelser, som verden har skabt. Den består af 2 runde stykker træ, som er forbundet med en læderstrop.

Så tager man fat i den ene stok og svinger den anden rundt, således at den ender med at ramme det korn, som ligger på gulvet.

Efter en kort instruktion, fik jeg lov til at tærske med plejlen, og det var nok i virkeligheden det som var formålet, jeg skulle lære bondelivet helt fra bunden.

Juletid var noget særligt, her kunne man til tider være så heldig, at der blev købt appelsiner inde i brugsforeningen, og selv om de tit var noget tørre, så var det et pust fra de varme lande.

Når selve juleaften nærmede sig, blev der også købt dadler og figner og hvert år, så længe jeg kan huske, var mandelgaven en lille sød marcipangris, fra brugsen selvfølgelig, og selv om den var tør, var det guf at sætte tænderne i.

Juletræet var en rødgran, som vi selv fandt på vores markskel, og det blev pyntet med den julestads, som var tidens pynt. Og mor sagde, at der skulle være "fehår" på træet, ellers var det ikke helt rigtigt.

Gaverne var små, men da forventningerne den gang ikke var så store, var det alligevel absolut fantastisk.

Den gang havde jeg ikke mere legetøj end det kunne tælles på en hånd, og jeg havde et kærligt forhold til det, som jeg havde.

Min far sang næsten aldrig, og det var godt det samme, for han var totalt tonedøv, men juleaften sang han dog, og når han skulle præstere de høje toner, skreg jeg af grin.

Han lod som ingen ting og sang videre, mens vi gik rundt om vores rødgran, jeg grinte jo heller ikke med ond vilje, og jeg så også at mor smilte, og jeg kom til at tænke, om han sang falsk med vilje.

Lige siden min barndom og frem til nu, har jeg insisteret på at vores juletræ *skal* være en rødgran, og sådan blev det og er stadigvæk.

Der blev også holdt juletræsfest i Rørby skoles festsal, og her udmærkede Overlærer Larsen og lærer Frank sig ved at fortælle spændende nissehistorier, så blev der danset rundt om træet, og pludselig var festen forbi.

Vi cyklede derop i sne og frost, og da vi skulle hjem, var det høj stjernehimmel, og selv om det var bidende koldt at cykle i sådan et vejr, var det hele turen værd.

Fødselsdagsgaverne var også små, og jeg husker, at jeg en gang ønskede mig en flyvemaskine, som jeg havde set inde i brugsen. Jeg fik en kniv, og så kunne jeg selv snitte mig en flyvemaskine, hvilket jeg gjorde, og det var bedre end det købte, for det havde jeg selv lavet.

Med tiden fik jeg betroet mere ansvar og en af dem, som jeg husker med glæde, var min første tur til mølle.

Ingen har nogensinde set en så stolt dreng, som da jeg fik til opgave at køre med hestevogn til mølle, for at få 2 sække korn malet. Jeg fik tydelig besked om ikke at køre for stærkt, ej heller for langsomt, at holde mig i højre side og markere tydeligt med armen, når jeg skulle dreje.

Turen gik fra Kærby Sø til Tømmerup Mølle, ind til Kærby, ned igennem hele byen så alle rigtigt kunne se mig, videre ud forbi Kærby enge, over jernbanelinjen ud til hovedvejen, krydse hovedvej nr. 4 som forbandt Kalundborg med København.

Derefter køre mellem motorcykler og biler på en "fastvogn" med træhjul og jernringe til møllen, som lå midtvejs mellem Tømmerup og Kalundborg, og efter endt møllearbejde turen retur.

Der er sikkert mange bilister, som har sagt: se den bonderøv, men jeg var glad og uvidende om andres tanker, og jeg var på en vigtig mission, mel til hjemmet.

Udover de årstidsrelaterede gøremål, var der også den daglige drift samt skolegang.

Morgenen startede med, at min mor kaldte på mig flere gange, i stigende antal i takt med min alder, jeg har altid været et B menneske, og det startede allerede i skoletiden.

Først skulle der malkes køer, men det deltog jeg ikke i, mit job på denne tid af dagen var at fodre 2 kører 1 kalv 6 grise 1 hest 12 høns en ged og en masse kaniner.

Derefter var jeg klar til at cykle 4 kilometer til Rørby, for at få noget viden stoppet ind i hovedet. I starten var jeg ikke den skarpeste kniv i skuffen, men da skolen blev sammensluttet med Værslev skole, kom der nye lærer til, og nogle af disse lærer var ganske dygtige, især vil jeg fremhæve lærer Kristensen.

Inden da kunne jeg slet ikke finde ud af, hvordan man kan få tal til at vokse og blive mindre bare ved at sætte nogle symboler foran dem, men da lærer Kristensen kom ind i min klasse, skal jeg love for, at jeg lærte de 4 regnearter i en fart.

Pludselig kunne jeg addere, multiplicere, dividere, og subtrahere, senere kom også brøkregning, og sandsynlighedsregning, derudover lærte jeg også "at regne den ud" og den sidste regneart er måske nok den vigtigste.

Når dagens timer med regning, historie, geografi, sløjd osv. var forbi, var det tid til at køre hjem uden for mange svinkeærinder, for der skal jo også muges ud, flytte hest og køer med jævne mellemrum, da de stod i tøjer på græsmarken, for vi havde ikke hegn som alle andre.

Det betød, at køerne skulle flyttes 2-3 gang om dagen, ellers hylede de så højt at naboerne kunne høre at de var sultne, så det var vigtigt at få det gjort.

Sidst på dagen skulle vi trække kørerne hjem til malkning og selv det bestemte kørerne, de begyndte simpelthen et hylekor hvis tiden blev overskredet med mere end ½ time. Køer er vanedyr ud i det ekstreme.

Hesten skulle også hjem, men den var ikke så krævende, især ikke hvis man gik en ekstra tur ud til den med en spand vand.

Inden jeg nåede helt hjem fra skole, gjorde jeg tit noget, som jeg ikke måtte, jeg stjal mælk og helst kærnemælk fra vores mælkejunger, som endnu ikke var hentet hjem til landstedet.

Når mor opdagede, at jeg havde drukket af mælkejungen, sagde hun bare, at det må man ikke, men det fik ingen konsekvenser, for jeg var jo kommet ud på landet for at blive fedet op.

Vores hus var et hus, som i tidligere tid var revet ned ude på Lerchenborg og genopført på en af de nye grunde, som opstod ved tvangsudstykning af de danske herregårde i hele Danmark.

Det drejede sig om datidens omrokering af forholdet mellem herremænd og bønder, og det blev besluttet i rigsdagen, at bønderne ikke længere skulle have pligt til at arbejde for herremanden.

Derfor udstykkede man et temmelig stort antal af små landbrug, med en størrelse af 6 til 7 tønder land, hvilket var for lidt til at man kunne leve af det.

Det var så meningen, at bonden kunne arbejde for godsejeren, når han havde tid, og da tid også dengang blev målt op i penge, var det ikke svært at regne ud, at den fattige bonde med kun 6 tønder land hurtigt kunne få tid til lidt ekstra arbejde.

Min far, som havde overtaget ejendommen fra min farfar, synes dog ikke, at han så nemt kunne få tid og lyst til det ekstra arbejde, som var alt for dårligt betalt, så hans løsning var, ikke at investerede i noget nyt, og derfor havde vi absolut intet, men så havde vi heller ikke ret meget gæld, og derfor klarede vi os igennem, ved hjælp af flittige hænders arbejdsomhed.

Lokaliteten hed Kærby Sø, men navnet mistede sin værdi, da flittige bønder i løbet af 50erne, fik drænet jorden, så vandet forsvandt, det var starten på effektivisering af landbruget, og mens de omkringliggende bønder fortsatte med moderne metoder, så stod vi i stampe i en sådan grad, at det tenderede begrebet grotesk.

Huset var af en meget dårlig beskaffenhed, sokkelen bestod af kampsten, som lå direkte på jorden, og så var der bare mursten direkte ovenpå.

Det betød, at især om sommeren kunne alt utøj kravle direkte ind gennem konstruktionen, så udover mus havde vi tit myrer inde i huset. Når det var værst, blev de overhældt med kogende vand.

Dobbeltmur var et ukendt begreb, og om vinteren blev der stoppet klude i bunden af vinduerne for at holde sneen ude, en rude, som var itu, blev der også sat en klud i.

Taget var af strå og helt uden isolering, dog regnede det ikke igennem,

Alle husets gulvbrædder lå direkte på jorden, og da de bare lå side om side uden fjer og not, kunne man se jorden gennem mellemrummene.

Der fandtes ingen rum større end 10 m^2, men til gengæld var der hyggeligt.

Hele nordsiden af huset bestod af en væg opført af ubrændt ler og så snart temperaturen udenfor kom under nul, blev der hurtigt koldt indenfor.

I stalden var der derimod altid varmt, for vi havde fyldt loftet med hø og halm, og køer, grise og hest afgav varme.

Da mit værelse på ca. 5 m^2 lå længst væk fra husets eneste varmekilde, og mine vægge kun var malede, fik jeg hurtigt et tykt lag is på indersiden, og mine ruder kunne jeg slet ikke kigge ud af, uden først at skrabe de tykke isblomster af.

Det havde den fordel, at jeg ikke havde mus i mit værelse, da de heller ikke kunne lide kulden.

Når det var koldt, fik jeg en ekstra dyne og en varmedunk, og det fungerede fint, sengens fjederbund var så slap, at jeg i midten sank næsten helt ned til gulvet, og når varmedunken sidst på natten var blevet kold, kunne jeg sparke den ned i fodenden flere gange, for den kom altid retur. Det var den gamle type, som var fremstillet af zink.

Om sommeren var der ekstra job, som at hente vand i trillebør hos naboen, da vores brønd løb tør om sommeren, far havde købt en trillebør af jern, og når jeg hentede vand i den, fyldte jeg først en mælkejunge med vand, derefter blev trillebøren fyldt helt op til randen.

Så trillede jeg vandet hjem og vippede vandet fra trillebøren op i vandtruget til kreaturerne, vandet fra mælkejungen var til husholdningen.

Ikke alle ture gik lige godt, nogle gange spildte jeg det meste, for en stor tung trillebør fyldt med vand og en mælkejunge oveni, kan godt tage magten fra en lille spinkel dreng, så nogle gange måtte jeg køre en ekstra gang.

Jeg har også prøvet at vælte med trillebøren så alt var spildt, men det behøvede jeg jo ikke at fortælle nogen.

Senere hen udviklede naboen sin landejendom til en maskinstation, hans flair for udvikling indenfor landbrug, stod i skærende kontrast til min far, men det fik ingen negativ betydning for mine muligheder for at lege med hans børn.

Da maskinstationen på et tidspunkt blev for stor til Kærby Sø, flyttede den til Rørby, og dermed mistede jeg de eneste venner, som jeg havde.

Jeg har tit tænkt på, at hvis jeg havde haft mine legekammerater i nogle flere år, kunne de ha' inspireret mig i en anden retning, men selv om jeg på et tidspunkt i mit liv kom lidt på afveje, har jeg alligevel formået at rette skuden og fik den til at sejle støt og solidt.

I starten af min barndom var mit daglige ekstra job som avisbud en stor adspredelse, det var mit første møde med den store verden, at se Svebølle-bilen komme til Kærby fra Kalundborg.

At se folk stige af og på, og se aviserne i et stort bundt blive smidt af, og selv samle det antal, som jeg derefter skulle bringe ud til gårdene, der lå på vejen hjem.

1954 startede jeg i Rørby skole, første klasse foregik der, hvor der nu er plejehjem, senere kom vi i den nye skole, som kom til at hedde Rørby-Værslev Forbundsskole.

Skolen lå ca. 4 km. fra mit hjem og i strålende solskin, med varmegrader omkring 20, var det en fornøjelse at cykle turen. Selv når vejret var knapt så godt, husker jeg turen som en god oplevelse.

Der var også enkelte dage, hvor jeg måtte gå hele vejen (4 km.) på grund af sneen, men da var det med min mor ved hånden, indtil ca. 200 meter før skolen. De andre drenge skulle jo nødigt se, at man ikke kunne klare sig uden sin mor.

Skolens miljø var til tider lidt hårdt, da det den gang var normalt, at trække skel mellem høj og lav.

Jeg blev tit drillet fordi mit tøj ikke altid hang ordentligt sammen, og de store lapper, som jeg havde på mine bukser, var ikke pynte-lapper, jeg blev også gjort opmærksom på, at jeg udover at være beskidt, ikke var en ”ægte” søn.

Jeg husker især, at jeg havde inviteret alle klassens drenge til fødselsdagsfest, men af de ”fine” kom der ingen, og det var heller ikke let at forstå, hvorfor jeg ikke blev inviteret med, når de andre havde fødselsdagsfest.

Men trods mit røde hår, som blev klippet billigt hos den ikke altid ædru barber i Rørby, og min høje ranglede skikkelse, var jeg er en meget robust dreng, og jeg er sikker på, at det skyldes det faktum, at jeg er vokset op som enebarn.

Jeg tror, at det giver styrke, når man kun har sig selv at tage hensyn til, og selv om jeg tit har ønsket mig en bror, som jeg kunne holde sammen med ligesom de øvrige børn gør, ja så har jeg klaret "skæret" alligevel.

Jeg husker også en gang, at jeg legede med naboens tvillinger, og lige indenfor i det store stuehusvindue stod deres moder og overvågede os, pludselig bankede hun på ruden, for nu havde jeg efter hendes mening hevet legen ned på et for lavt plan, og pludselig var legen forbi, så måtte jeg gerne gå hjem. Det var ikke altid helt fair.

Maskinstationens børn var mine bedste legekammerater, og vi spillede fodbold så snart der var mulighed for det. Her husker jeg, hvordan velstand og fattigdom kan gøre en forskel.

Min ældste legekammerat havde fået et ur, længe før vi andre fattigrøve kunne gøre sig håb om sådan et teknisk tidsmåler, og med det styrede han hele tiden fodboldspillets gang.

Når de 2 brødre spillede sig forbi mine magre ben til en scoring, var der stor jubel og anerkendelse, men hvis det lykkes mig, at drible gennem deres forsvarskæde og score, så skreg min ven, at tiden var udløbet lige inden jeg skød, og at scoringen derfor ikke gjaldt.

Jeg var 14 år, inden jeg fik et ur, og det var i konfirmationsgave. Jeg blev konfirmeret i Ubberup Valgmenighedskirke. At der gik så mange år, inden jeg fik et ur, gjorde ikke noget, for dels så betød tiden ikke så meget, og dels så havde vi jernbanen.

DSB var vores ur, man vidste hvad klokken var, når eks. ekspressen kørte forbi, vi kunne indrette dagen efter de forskellige tog.

Ellers hørte vi kun toget, når vi ville, det var simpelthen en vane, som vi ikke ænsede. Man kunne også bruge toget som legetøj, ved at lægge små mønter på skinnerne, og så bare vente til der kom et tog.

Når toget passerede, trampede det vores mønter helt flade, og når vi så efterfølgende fandt dem, var de forvandlet til kæmpe store, helt flade lykkemønter.

Der var mange hjemmelavede regler, og et år, hvor søen var gået over sine bredder, blev livet pludselig ganske forandret. Den høje sø samt den hårde frost, blev udnyttet til at hugge isen ud i store flager, som havde form af både, og så sejlede vi rundt på vores eget hav og bestemte, hvem der måtte sejle hvor og hvornår.

Her viste det sig igen hurtigt, hvad det vil sige at have brødre, for 2 bestemmer selvfølgelig mere end 1,og da meningerne om trafikreglerne på vores hav gik i hårdknude, blev det simpelthen for meget for mindretallet.

Jeg, som repræsenterede mindretallet, drog i landflygtighed på den anden side af vejen, og så gik der et par dage, hvor 3 drenge slet ikke legede sammen.

Så drev jeg rundt på isflager hjemme på vores egen grund, og mine venner drev deres isflager på deres grund ca. 50 meter væk i en helt anden verden.

Et par dage efter var det blevet tøvejr og min far advarede mig mod at gå hen til vågerne, for isen er tynd og vandet er koldt. Det betød selvfølgelig, at jeg ville kontrollere isen ved vågerne, og jeg faldt i vandet og drev ind under isen.

Min far kom løbende ud for at hjælpe, men efter at jeg havde kigget op gennem isen nedefra, besluttede jeg, at jeg ville forsøge at bryde op igennem isen, og det lykkedes.

Vandet var ikke dybt, og isen var tynd, men det gav mig en forskrækkelse, og jeg blev ganske forundret over at se min far stå ved bredden og grine, jeg synes ikke der var noget at grine af, men det har nok været en reaktion i lettelse over at alt endte godt.

En gang var jeg vandret op over markerne til en stor gård, som havde jord ved siden af vores, her mødte jeg gårdens dreng, og straks var vi i gang med at lege.

De havde en stor mose og i kanten af denne mose lå en lille båd, disse 2 ting i samme område var for stor en fristelse for 2 børn på vej til Indien, så legen startede.

Drengen, som var noget ældre end jeg, satte sig op i båden, og så skulle jeg skubbe båden ud på dybere vand.

Det gik planmæssigt, han sad tørt og godt, og jeg vadede med bare ben i en sort mudret substans af den slags, som man næsten ikke kan vaske af igen, efter nogle anstrengelser kom båden fri og jeg var klar til at gå om bord.

Pludselig kom en person hen imod os, i et slidt jakkesæt med en ligeså slidt vest og en stor sort hat med bred skygge, det var drengens far, og selv om han ikke var særlig stor, virkede han meget stor den dag.

Faderen tog fat i drengens arm, og de gik tilbage til gården. Han sagde ikke et ord, og jeg traskede slukøret hjemad over marken, akkurat som jeg var kommet, dog noget mere snavset end før, og i mine tanker frygtede jeg straffen, men den kom aldrig. Drengens far sladrede ikke.

Hvad livsværdier angår, så er lykke for mit vedkomne TILFREDSHED.

Mange parallelle dele af samfundet vil grine over mit udsagn om lykke og forundres over, at jeg med det, som jeg har udrettet, kan være tilfreds, men det skyldes, at der er flere parametre til grund for udmåling af livsværdier og livsopfattelser.

Jeg ved godt, at der selv i så lille et land som Danmark findes parallelsamfund, hvis dagsorden er totalt forskelligt fra mit, hvor man foretager sig ting, som for mig er helt uopnåeligt, men jeg er opvokset i et miljø, hvor jeg har lært hvad sande værdier er for mit vedkomne.

Jeg er fuld af beundring og respekt for folk, som formår at skabe rigdom og velstand, og begreber som misundelse og ærekærhed, er for mig absolut ikke eksisterende.

Som fattig lærer man et meget værdifuldt begreb at kende, nemlig at sætte pris på selv det mindste. Derfor har jeg forsøgt efter bedste evne at værne om, hvad jeg har, i stedet for at stræbe efter hvad jeg ikke har.

Derfor tror jeg, at man godt kan være positiv, uden at være komplet idiot, det drejer sig bare om at gøre, hvad man kan i den bedste mening.

Min mor og far har lært mig, at hvis jeg starter et møde med et smil, får jeg sjældent en sur mine retur, og hvis det alligevel sker, så er det den sure, som har problemet.

Det handler om gensidig respekt og
forståelse.

Når jeg tænker tilbage på min barndoms
levevilkår, var det et forbandet slid, men i
dag er jeg stolt af, at have prøvet noget
som mange af mine jævnaldrende ikke har
prøvet.

Jeg har fået et indblik i noget gammelt,
men bestemt værdifuldt, og jeg tænker
tilbage på den tid med glæde.

Og så slap jeg for "stenbroen"

Willy Brorson.
(Den lykkelige)

Kærby sø